Zahlen finden (**1 bis 9**)

In diesem Bild haben sich viele Zahlen versteckt. Suche alle Zahlen und kreise sie rot ein. Zwischen die Zahlen sind auch einige Buchstaben geraten. Streiche sie durch.

Zahlen schreiben

So ein Durcheinander! Kannst du helfen? Schreibe auf jede Tonne eine der Hausnummern und verbinde die Tonne mit dem richtigen Haus. Etwas stimmt aber trotzdem nicht …

Suchen, zählen und malen (Zahl)

Wie viele Katzen hat Frau Müller? Suche alle Katzen im Bild und kreise sie ein. Male dann für jede Katze einen Futternapf in die Zahlenreihe und schon weißt du es.

Zählen und vergleichen (Zahl 4)

Wie viele Hunde führt Susanne spazieren? Zähle erst die Leinen und schreibe dann auf, wie viele Leinen, wie viele glückliche Hunde und wie viele traurige Hunde du findest.

Bunte Pause

Bei dem Atemspiel wird die Atmung eines Tieres nachgespielt. Für den Wal wird tief eingeatmet und die Luft angehalten. Nach einer Weile wird langsam und stetig die Luft wieder herausgeblasen.

Das Atemspiel kann in den verschiedensten Varianten gespielt werden, indem immer andere Tiere nachgespielt werden. Es hilft, verbrauchte Luft aus der Lunge zu stoßen, und macht wach und munter.

Zählen von 1 bis 8

Bauer Wenke hat die Tür vom Schweinestall offen gelassen. Umkreise alle Ferkel rot und alle großen Schweine blau. Wie viele Ferkel und wie viele große Schweine hat Bauer Wenke? Schreibe die Zahlen auf.

Zahlen und Zahlbilder zuordnen

Oje! Der Wind hat den Spielern die Mützen vom Kopf geweht! Hilfst du ihnen? Suche immer die passende Mütze und verbinde mit Linien.

Zahlen vervollständigen

Gleich soll der Wettlauf beginnen. Aber der Regen hat alle Startnummern verwischt! Male jede Nummer deutlich nach und ergänze, was fehlt.

Zahlenreihe von **1 bis 9**

Zwick und Zwack sind mit ihrem Hund bei einem Hundeturnier. Hilf ihnen, den Weg zu finden. Verbinde die Hindernisse in der richtigen Reihenfolge.

Zahlenmenge 3 erfassen

Jeder Hund soll zur Belohnung 3 Würstchen bekommen.
Hilfst du Zwick und Zwack beim Füttern?

Bunte Pause

Beim Kreiselspiel ist unbedingt darauf zu achten, dass genug Platz ist – sonst ist die Verletzungsgefahr zu groß! Das Spiel baut Vertrauen auf, stärkt alle Sinne und macht wach und munter.

Zählen und schreiben (**1 bis 4**)

Alex hat Eis geholt. Zähle in jeder Waffel die Kugeln mit der gleichen Farbe. Schreibe die Zahlen auf und schau auf den Merkzettel. Ist alles richtig?

Zahlenmengen vergleichen

Was ist da nur passiert? Schau dir beide Bilder genau an und zähle das Obst in jedem Bild. Streiche durch, was beim zweiten Bild zu viel ist, und male dazu, was fehlt.

Zahlenmengen malen (**1 bis 5**)

Kannst du Zwick und Zwack helfen? Schau dir ihren Einkaufszettel genau an. Male dann die richtige Menge der Dinge an, die sie einkaufen sollen.

Zahlen schreiben (1 bis 6)

Wie viele Ponys sind auf dem Turnierplatz? Schreibe auf das erste Pony, das du gefunden hast, eine 1, auf das zweite eine 2, und immer so weiter, bis du alle gefunden hast. Schreibe die Zahl in das große Kästchen.

Zählen und vergleichen

Die Ponys sind los! Zähle die Boxen und dann die Ponys, die noch auf der Weide sind. Wie viele Ponys fehlen? Schreibe die Zahl in das große Kästchen.

Bunte Pause

Das **Rührspiel** kann variiert werden, indem die Arme, die Geschwindigkeit und die Richtung gewechselt werden. Es kann auch in Form einer **8** oder anderer Figuren gerührt werden. Diese Übung lockert den Nackenbereich. Außerdem verbessert sie die Koordination von Auge und Hand.

Zahlenreihen unterscheiden

Welche ist die Telefonnummer, die Zwick braucht? Er hatte sie zur Sicherheit gleich zweimal aufgeschrieben. Hilf Zwick und kreise die richtige Nummer ein.

Nummern ergänzen

Zwick und Zwack sind beim Pferderennen! Aber was ist passiert? Hilf ihnen schnell, die Startnummer für jedes Pferd zu ergänzen.

Zahlenreihen zusammenfügen

Oje! Zwick hat alle Wettscheine zerrissen. Verbinde die beiden Hälften jeweils mit einer Linie und vergleiche die Zahlenreihen mit der Siegerzahl.

Zahlen zuordnen (**1 bis 5**)

Die Pakete und Briefe müssen alle zur Post. Zwick hat schon das richtige Porto daraufgeschrieben. Schneide die Briefmarken am Seitenrand aus und klebe sie richtig auf.

Mengen erfassen (**1 bis 5**)

Gleich ist Ladenschluss. Beim Bäcker Windbeutel ist nicht viel übrig geblieben. Zähle, was noch da ist, und schreibe die Zahlen in die richtigen Kästchen.

Vergleichen der Zahlenmengen **1 2 3**

Zähle die Punkte in den Kästchen. Male alle Kästchen mit gleich vielen Punkten in der gleichen Farbe aus. Welche Zahlen siehst du dann?

Vergleichen und ergänzen

Nanu, hier hat Zwack doch etwas vergessen!
Male mit Zwick, was den Tieren noch fehlt.

Die Zahlen **1, 3, 5, 6**

Zwick und Zwack beobachten den Himmel. Erkennst du die Zahlen, die die Wolken formen? Male die Zahlen in den Wolken nach.

Die Zahlen **2, 4, 7, 8, 9, 10**

Maulwurf Monli sieht Zahlenwolken am Himmel. Weißt du schon, wie sie heißen? Male die Wolken bunt aus.

Bunte Pause

Diese entspannende Übung nennt sich „der Genießer". Verspannte Schulter- und Nackenmuskeln werden durch sanfte Massage gelockert. Durch verbesserte Durchblutung dieser Körperpartie gelangt mehr Sauerstoff ins Gehirn. Das steigert die Konzentration und die geistige Leistungsfähigkeit.

Zählen und schreiben von **1 bis 5**

Welche Zahlen zeigt Zwack? Zähle die Finger und verbinde sie mit den richtigen Zahlen. Spure die Zahlen mit vielen Farben nach.

Ergänzen auf die Zahlenmenge 5

Die Hühner haben großen Hunger. In jedem Schälchen waren **5** Körnchen. Wie viele Körnchen haben die Hühner schon gefressen? Male die fehlenden Körnchen in die Bäuche. Notiere die Zahl auf den Schildern.

Zählen bis zur **6**

Zwick und Zwack sammeln Beeren. Schreibe auf die Fähnchen, wie viele von einer Sorte du siehst.

Die Zahl **7**

Schneide alle Siebener vom Rand aus. Wo im Bild findest du genau diese Zahlen? Klebe die ausgeschnittenen Zahlen darauf. Welche große Zahl kannst du jetzt lesen?

Die Zahl **7**

Zwick und Zwack spielen im Regen. Reiße bunte Papierschnipsel und klebe auf jeden Regenschirm 7 bunte Tupfen.

Bunte Pause

Kinder sollten ausreichend Wasser trinken. Das regt die Stoffwechselvorgänge an und steigert die Energien. Bewegung, z. B. ausgelassenes Tanzen, fördert die Durchblutung, erhöht die Sauerstoffaufnahme des Körpers und schafft Wohlbefinden.

Verbinden von Wort und Zahl (**1 bis 8**)

Schneide die Zahlen aus und klebe sie zu den richtigen Wörtern. Wie viele Punkte musst du in die Kästchen malen?

Anzahlen erfassen

Seelöwen-Fütterung im Zoo! In jeden Eimer gehören **5** Fische. Streiche durch, was zu viel ist.

Die Zahlenfolge bis **10**

Welche Zahlen wollen die Zahlenschlangen noch fressen?

Zahlen erkennen

Hier verstecken sich einige Zahlen. Siehst du sie?

Bunte Pause

Die „Denkmütze" regt viele Energiepunkte an, die auf dem Rand der Ohrmuschel liegen. Mit Daumen und Zeigefinger wird der Rand der Ohrmuschel von oben nach unten zart durchgeknetet und leicht gezogen. Die Übung sollte mindestens dreimal wiederholt werden. Sie steigert die Fähigkeit, Informationen aufzunehmen und zu verarbeiten.

Zahlen erkennen

Erkennst du, welche Zahlen Zwack aus den Puzzles legen kann? Kreise die dazu passenden Würfelbilder ein.

Zahlenformen einprägen

Male alle Zahlen, die du am Rand siehst, in der gleichen Farbe und dem gleichen Muster auf die freie Fläche.

Zahl und Zahlenmenge vergleichen

Hokuspokus Zaubertrick! Zu welcher Zahl gibt es kein Bild? Zeichne die Wege durch das Labyrinth ein. Male dann selbst das fehlende Bild.

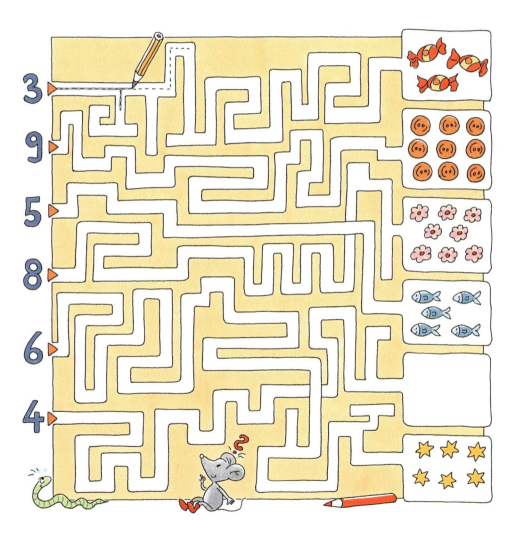

Die Zahlen **1 bis 10**

Hier darfst du zeigen, was du kannst.
Schreibe die fehlenden Zahlen in die Kästchen.

Die Zahlen **1 bis 20**

Welches Tier versteckt sich hier?
Verbinde die Zahlen in der richtigen Reihenfolge.

Anzahlen vergleichen

Läusealarm! Zwick und Zwack holen die Marienkäfer. Jeder bekommt die Blume, die so viele Blätter hat, wie er Punkte. Verbinde sie mit einer Linie.

Würfelbilder

Zwick und Zwack grübeln. Wie soll dieser Schmetterling ausgemalt werden? Zähle die Würfelaugen in jedem Feld zusammen. Das Ergebnis verrät dir die richtige Farbe.

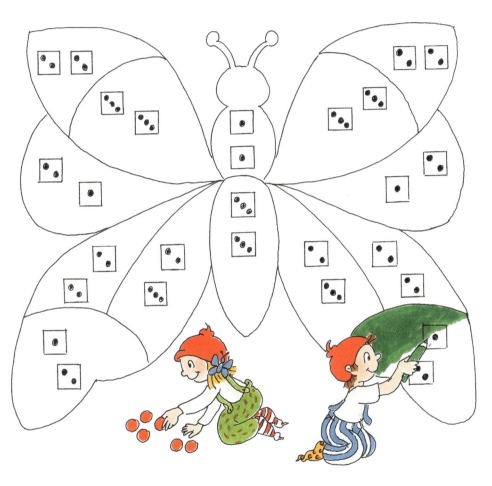

2 = 🟫   3 = 🟩   4 = 🟥   5 = 🟨   6 = 🟦

Aufteilen

Zwick und Zwack wollen die Äpfel aus den Kisten auf die Körbe verteilen. Sie überlegen sich immer neue Möglichkeiten. Male die fehlenden Äpfel in die Körbe!

Zahlen zerlegen

Zwack denkt sich für Zwick Knobelaufgaben aus. Sie nimmt immer 8 Kirschen. Wie viele Kirschen sind in ihrer geschlossenen Hand? Schreibe die Zahl auf.

5 + 3   3 +   6 +   2 +

Bunte Pause

Nach langem konzentrierten Arbeiten benötigt Ihr Kind eine Auflockerung. Das Radfahren macht Spaß und fördert die Durchblutung.

Minusaufgaben

Zwick und Zwack warten auf die Reitstunde und beobachten die Tiere im Stall. Streiche für jedes Tier, das geht, eine Kugel weg. Schreibe in das Kästchen, wie viele Tiere dableiben.

Puzzle

Zwick und Zwack freuen sich auf die Ballonfahrt. Aber vorher muss der Ballon geflickt werden. Schneide die Ergebnisse vom Rand aus, und klebe sie auf die richtigen Aufgaben.

Rechengeschichte

Zwick und Zwack staunen. Von hier oben gibt es viel zu sehen und zu rechnen. Verbinde die Aufgaben auf den Sandsäcken mit den passenden Bildern.

Kettenrechnen

Zwick und Zwack turnen heute an Stationen. Rechne immer
+ 2. Dann weißt du, welchen Weg sie nehmen müssen.
Zeichne ihn ein!

Zuordnen

Zwick und Zwack ziehen sich um. Ihr Sportzeug liegt ganz verstreut. Hilf ihnen, ihre Sachen in die richtige Tasche zu räumen!

Bunte Pause

Durch diese Übung lösen sich innere Spannungen, die sich während des konzentrierten Arbeitens aufbauen. Ihr Kind kann danach entspannt weitermachen.

Zehnerpartner

Hilf Zwick und Zwack beim Puzzeln.
Verbinde die Teile, die zusammen 10 ergeben.

Dosentürme

Zwick und Zwack wollen Dosen werfen. Baue die Dosentürme auf. Zähle immer beide Zahlen zusammen und klebe die Dose mit dem richtigen Ergebnis auf.

Ergänzen

Juhu! Zwick und Zwack fahren gleich Riesenrad. Aber die **10** Glühbirnen in den Gondeln leuchten nicht. Rechne die Aufgaben fertig und male die Glühbirnen blau, gelb und rot an.

Minusaufgaben lösen

Zwick und Zwack backen Kuchen. Wie viele Eier fehlen in den Kartons? Löse die Aufgaben. Verbinde sie mit den Ergebnissen.

Zerlegen

Zwick und Zwack mixen sich Getränke mit Milch. Schreibe auf, wie viele Gläser sie von jeder Sorte mixen. Wie viele sind es insgesamt? Schreibe in den Mixer.

Bunte Pause

Diese Übung schult die Konzentrations- und Reaktionsfähigkeit ihres Kindes. Es lenkt die gesamte Aufmerksamkeit auf die agierende Hand und schult so die Koordination.

Zahlenhäuser

Zwick und Zwack sind in Rechenhausen. Ergänze die Rechnungen auf den Fenstern so, dass sie die Zahl auf dem Dach ergeben.

Addieren

Womit wollen Zwick und Zwack fliegen? Löse die Aufgaben. Suche die Ergebniszahl und male das Feld in der richtigen Farbe aus.

Rechenspiel

Zwick und Zwack spielen das Sternspiel. Hole Würfel und Spielfigur und mach mit! Rücke um die gewürfelte Zahl vor. Rechne die Aufgabe aus. Springe zur Lösung vor oder zurück. Wenn du auf ein Ergebnis kommst, hüpfst du zur Aufgabe.

Plus und minus

Zwick und Zwack helfen Bauer Peters bei der Ernte.
Sie haben sich für dich immer eine Plus- und eine
Minusaufgabe ausgedacht.

$5 + 4 = 9$
$5 - 4 = 1$

$2 + 1 = \_\_$
$2 - 1 = \_\_$

$6 + 2 = \_\_$
$6 - 2 = \_\_$

Kaufen und bezahlen

Zwick und Zwack kaufen bei der Bäuerin im Hofladen ein.
Wie viel müssen sie für das Gemüse bezahlen?

1 € + ___ € + ___ € = ___ €

Notizen

Notizen